LE GRAND

BALLET

DE MONSIEVR

FRERE VNIQVE DV ROY.

DANSE' DEVANT SA
Majesté,& deuant Monseigneur l'Emi-
nentissime Cardinal, Duc de
Richelieu.

A PARIS,

Chez ROBERT QVENET, Libraire ordinaire
de Monsieur frere vnique du Roy, ruë des
Carmes, à l'Image sainct Martin.

M. DC. XXXVIII.

SVIET DV BALLET.

PIERRE de Prouence eſtant allé executer de hauts faits d'Armes pour ſe rendre plus digne des bonnes graces de la belle Maguelonne ſa Maiſtreſſe, laiſſe dans le Chaſteau de Handolialy, proche de Monſtamouluë, Ville capitale du Royaume des Andoüilles.

Mais comme elle n'auoit là que de fort mauuais diuertiſſemens; ayant eſté conuiée pluſieurs fois par Niſtezeſt Reine des Andoüilles de paſſer quelques mois dans ſa Coür, elle y alla, & y fut receuë auec les magnificences ordinaires à cette grande Reine, vers les Perſonnes d'vne Illuſtre conſideration.

Cette Reine auoit accouſtumé de ſortir tous les ans de ſes Eſtats au temps du Carnaual pour ſe promener dans les belles Villes du Monde, afin d'y faire ſoigneuſement obſeruer ſes Loix par ceux qui luy ſont Tributaires.

Ayant appris que celle de Tours eſtoit pour la ſcituation, & les ornemens de la Nature, vne des plus belles qui ſoient ſouz le Soleil, & voulant y tenit ſa Cour au temps que tous les honneſtes Gens s'y rendent pour gouſter le plaiſir & la douceur de la vie.

Premiere Bouffonnerie.

Elle y vient, & amene auec elle la belle Maguelonne, ce qui donne ſujet à la premiere Bouffonnerie de ce Ballet, par tous ceux de ſa ſuitte, qui compoſent pluſieurs Entrées differentes.

Seconde Bouffonnerie.

Pierre de Prouence eſtant retourné de ſes Auantures, ne trouuant point la belle Maguelonne où il l'auoit laiſſée, & ayant appris qu'elle eſtoit allée voir la Reyne Niſtezeſt, qui l'auoit amenée auec elle à Tours, il ſe reſoud de l'y venir trouuer, & ſe met pour cét effect au meilleur equipage qu'il peut.

Il y arriue donc auec ſon Train, diuiſé en beaucoup d'Entrées: Mais comme il deſire toujours donner à ſa Maiſtreſſe des marques, de ſon grand Courage, il veut auant que de luy parler, luy faire voir des Combats à la Barriere, où il ſouſtient ſeul contre tous venans, que la Beauté qu'il ſert ſurpaſſe infiniment toutes les autres, & preſente la Lice à tous Cheualiers qui diront le contraire.

Ses Combats faits, où il a eſté victorieux, la belle Maguelonne luy veut donner des marques de ſon affection par le diuertiſſement de la Muſique, & d'vn Ballet qu'elle dance auec ſa Dame d'honneur & ſes Filles, apres lequel

La Reine Niſtezeſt deſcend de ſon Theatre, & fait le Mariage de Pierre de Prouëce & de la belle Maguelône, par où finit tout le Ballet.

Voicy l'ordre de toutes les Entrées, & les noms de ceux qui les dancent.

LE GRAND

BALLET

DE MONSIEVR

FRERE VNIQVE DV ROY.

DANSÉ DEVANT SA
Maiesté & deuant Monseigneur
l'Eminentissime Cardinal Duc de
Richelieu.

POVR SON ALTESSE ROYALE.

Suiuie des Sieurs de l'Ardenay, Picot, la Tour,
le Goix, & la Barre, representans
des Proclameurs.

— AVX DAMES —

EILLEZ nous estre fauorables
Vous, dont les Graces adorables
Nous ont rauy la liberté:
Nos passions sont fort discrettes:
En publiant vostre Beauté,
Nous tiendrons vos faueurs secrettes.

A ij

Pour le Comte de Brion, repreſentant vn
Afficheur.

Biect qui n'as rien de prophane,
Ny de deffaut que la rigueur,
Aymable & charmante Diane
Qui ſeule poſſedes mon cœur.
Celeſte recueil de meruilles,
Diuine cauſe de mes veilles,
De mes ſouſpirs & de mes vers:
Bien que tes froideurs ſoient eſtranges,
Ie veux afficher tes loüanges
En tous les coins de l'Vniuers,

Recit de la diuine Bouteille.

Ortels, ie ſuis cette Bouteille
Qu'vne liqueur vermeille
A miſe au rang de vos Diuinitez:
Veillez preſter vn peu l'oreille
Ie vous diray de belles veritez.
Depuis que par des ſacrifices,
Tous ſaupoudrez d'eſpices,
A ma bonté Niſtezeſt a recours,
Les Andoüilles & les Sauciſſes,
En ſes Eſtats proſperent tous les iours.
Sa Cour ne verſe plus de larmes
Comme au temps des alarmes,
Où l'on rompoit ſes ſubiects aux genoux:
Des Cheualiers y ſont en armes
Pour luy donner des paſſe temps plus doux.

Pour les Sieurs de Sintot, Verpré, Brotin, &
Henaut, representans des Esclaues,
AVX DAMES.

AMour en vostre nom tyrannisant nos cœurs,
Nº a voulu charger de chaines & d'entraues:
Mais puis que vos beaux yeux passent pour nos Vain-
queurs,
Nous faisons vanité de passer pour Esclaues.

Pour les Sieur de la Tour & Picot, representás
deux femmes de Chambre.

LEs Graces dont Amour admire les appas,
Sçauent coiffer Venus auec beaucoup d'adresse,
Mais quoy? sans vanité, nous ne leur cedons pas
En l'art de bien seruir vne belle Maistresse.

Pour le Sieur de la Barre, representant vn fol.

CHacun a plus ou moins son foible, ou sa manie,
Et fait sans y penser des traicts de mõ mestier,
Car tout le monde est fol, & quiconque le nie
Il est plus fol tout seul que tout le monde entier.

Pour le Sieur de l'Ardenay, representãt vne fol

BEauté dont tour à tour les appas reuissans
Causent mes gayetez, & mes melancholies;
Vous deuez maintenant excuser mes folies,
Puisque c'est vostre amour qui m'a trauhié le sens
Pour le Sieur Sauuage, representant Niflizeft,
Reine des Andouilles.

TAndis qu'on parle de la guerre,
Ie parle d'vn vin s'il est bon;

A iiij

Mes deſſeins ſont de prendre vn verre,
Et de deſpoüiller vn Iambon.
Bacchus, Cerés, & l'abondance
Me ſuiuent touſiours à la dance
Chargez de quantité de mets :
Et l'on peut iuger à ma mine
Que ie ne me preſſe iamais.
Où ſe treuue Dame Famine.

Pour le Marquis de Molourier & le Sieur de Souuille, reprenſentans des Eſcuyers.

N ous rendons tout Poulain docile
Par cét Art noble autant qu'vtile
Où nous nous ſommes exercez ;
Auſſi ſans nous en faire accroire,
On nous donne auiourd'huy la gloire
D'auoir des Cheuaux bien dreſſez.

Pour le Sieur Guillemin, repreſentant la belle
Maguelonne.

Q Ve celuy qui vante mes charmes
Va produire de beaux faits d'armes
En ce magnifique Tournoy !
Ce Champion plein de vaillance,
N'auroit guere d'amour pour moy
S'il ne rompoit plus d'vne lance.

Pour le Baron de Clinchant, repreſentant la
Gouuernante des Filles.

C Es deux filles d'honneur faites ſur mon image
Mettent ſur tous ſujets leur eſprit en vſage,

Dancent, font millle vers, & mille aimables tours;
Aussi craignant vn peu leur naturel volage
Ie ferme peu les yeux pour les veiller tousiours.

Pour les Sieurs de Blaru & de Belloy, representás
les Filles d'honneur de Maguelonne.

LE rang que nous tenons nous rendant glorieuses
Aux partis les plus grãds no⁹ peut faire aspirer:
Mais nous auons le mal d'estre si curieuses
Qu'on nous donne le bruit de ne rien ignorer.

Pour le Comte de Brion & le Sieur Henaut, representans deux Medecins.

AVX DAMES.

IL n'est herbe, ny mineral
Dont nous n'ayons la connoissance:
Et nous appliquons leur puissance
Sur tous les maux en general:
Mais pour la santé des malades
Qui se plaignent de vos œillades,
On a beau vers nous recourir;
Beautez aussi fieres que belles,
Vous causez des langueurs mortelles
Que vous seules pouuez guerir.

Pour le Sieur de Souuille, representant vn
Baladin.

I'Ay l'humeur amoureuse autant que Martiale;
Et suis comme il me plaist Baladin & Guerrier,
Dancant pour emporter le Mirthe ou le Laurier,
Tantost dessus vn pré, tantost dans vne sale.

Recit d'vn Iuif Errant.

S Alam alec ò Rocoha
L Iatau y a Tihilaca
Amaté lieb its on bogh gros
Et voluft eft facta voor os.

Second couplet du Iuif Errant.

V Oor nocaba aua fanha
Et eten tas qui piacera
No quiero bir groet kitab
Sed drinken fempré gout ferab.

Pour le Sieur de Triftan, reprefentant l'interprete du Iuif errant.

S I mon amour & ma couftance
Efbranlent voftre refiftance
Vous difpofant à la pitté,
O Beauté charmante & celefte,
Faites m'en le figne à moitié
I'interpreteray bien le refte.

Pour le S. de Chabot, reprefentant vn Mareſchal des logis.

I E fais le deuoir de ma charge
Logeant toute la Cour au large,
Afin qu'on foit commodément:
Et dans les plus beaux lieux de France,
Ie fupporte auec patience,
Que l'on me loge eftroitement.

Pour

Pour les Sieurs Sainct André, & Robichon, re-
preſentans deux Fouriers.

AVX DAMES.

NOus poſons la craye en tous lieux;
Mais ô Beautez de qui les yeux
Nous lancent mille traits de flame,
Vous en tirez bien la raiſon,
Car vous logez l'Amour dans l'ame
De qui loge en voſtre maiſon.

Pour les Sieurs de Sinthot & Brotin, repreſentãs
deux Muletiers yures.

LAiſſant nos mulets à penſer
Qui n'en peuuent faire de plaintes;
Nous auons renuersé des pintes
Qui pourroient bien nous terracer.
Mais nos animaux de bagage
Ont encore beu dauantange,
Ils ne peuuent ſuiure nos pas:
Que ces beſtes ſont imparfaites,
Euſſions nous maintenant leur bas!
Nous ferions de meilleures traites.

Pour le Sieur le Goix, reprenſentant le Gouuer-
neur des Singes.

SEruant fidellement vn Maiſtre
I'ay toujours fait aſſez pareſtre
Mon eſprit & mon iugement;
Mais voyez quels ſont ſes caprices
De recompenſer mes ſeruices
D'vn ſi mauuais gouuernement!

Pour le Sieur de Verpré, repreſentant vn Maiſtre d'Hoſtel.

AVX DAMES.

Obiects pleins de perfection,
  Ie cerche vne condition
En quelques lieux où ie m'auance :
On doit m'employer par raiſon.
Car ie fais auec diligence
Les affaires d'vne maiſon.

Pour le Comte de Brion , le Marquis de Molevrier,&leSieur de l'Ardenay&l'Alun,repre-
ſentans deuxCuiſiniers,&deuxCuiſinieres.

AVX DAMES.

Chez Boucher qui traite aſſez bien,
  On ne peut nous apprendre rien
En viandes bien apreſtées :
Nous n'ignorons aucuns ragous ;
Belles pour eſtre bien traitees ,
Vous n'auez qu'à parler à nous.

Pour ſon Alteſſe Royale, repreſentant vn Ca-
pitaine des Gardes.

Estant d'vne valeur inſigne,
  Ie fais ma charge auec honneur :
Et n'attens rien que le bon-heur
Des bons emplois dont ie ſuis digne.
CALISTE, l'Amour eſt mon Roy,
Mais bien que vous blaſmiez la loy
D'vn Souuerain ſi legitime :

Mon proceder seroit fort doux
s'il me commandoit sur ce crime,
De m'aller asseurer de vous.

Pour les Sieurs de Poyane, Souuille, S. André
& Robichon, representans des Gardes.

AVX DAMES.

BElles donc les regards ont des flames subtiles,
Qui bruslēt iour & nuit les cœurs de mille Amās
Pour aller donner ordre à ces embrazemens,
Des Gardes comme nous seroient fort inutiles.

Pour le Sieur de la Barre, representant Pierre
de Prouence.

AMour d'vn de ses dards a percé ma poitrine,
Pour vn ieune Sujet, beau sans comparaison;
Mais si dans peu de temps il ne m'en fait raison
Ie pourray bien briser son arc sur son eschine.

Pour le Sieur Brotin, representant le Gentil-
homme de Pierre de Prouence,

IEune & charmant Obiect dont i'ay l'esprit blessé,
Mourāt pour vôtre amour i'ay beaucoup de cōstāce
Mais en puis-ie esperer aucune recompence?
Vn Suiuant a' ordinaire est mal recompensé.

Serenade Crotesque.

ROmpez les charmes du sommeil,
O Beauté qui brillez comme fait le Soleil
Quand le iour est encore à naistre :
Il faut qu'à ce doux bruit
Vous paroissiez à la fenestre

Pour aueugler la nuit.

Que vos appas sont rauissans
Pour ceux qui sont priuez de l'vsage des sens!
Vostre pouuoir est sans exemple,
Vous atteignez au cœur,
Et tout mortel qui vous contemple
S'en va mourant de peur.

Pour le Sieur Monbrun, representant vn Heraut
d'armes.

AVX DAMES.

BEaux obiets qui coustez tant de pleurs à nos yeux
C'est en vain que d'aimer vous pensez vous def-
fendre ;
Car de la part d'Amour le plus puissant des Dieux,
Ie suis venu sommer vostre cœur de se rendre.

Pour le Baron de l'Angeron, representant vn
Mareschal de Camp.

VOyez quelle est l'impression
Que l'on prend de la Renommée:
Ma seule reputation
Pourroit estonner vne Armée.
Vn Fort que ie veux emporter
Ne me peut long temps resister;
Dés que i'ay fait sommer on m'ouure,
Et l'on m'estime tellement
Que tout branle quand ie descouure
Mon Baston de commandement.

Pour les Sieurs de Souuille, & le Goix, repre-
fentans deux Iuges de Camp.

AVX DAMES.

QVe no⁹ ferõs heureux, ô Beautez dõt les charmes
Animent ces Guerriers à de fi grands combas,
S'il faut qu'ayant efté Iuges de leurs faits d'armes,
Nous foyons les Pâris, Iuges de vos appas.

Pour le Sieur Henaut, reprefentant Pierre de
Prouence, fouftenant.

IE fouftiens en champ clos contre tous les humains
Qu'õ ne void riẽ de rare au prix de ma Maiftreffe
Qu'vn feul trait de fes yeux vaut vn coup de mes
mains,
Et qu'elle a du pouuoir autant que i'ay d'adreffe.

Pour le Sieur de Verpré, reprefentant vn Com-
battant de demy-pique.

LOrs qu'en vn beau combat exprimant mõ audace
Ie mets à la raifon vn Courage orgueilleux:
Me feruant comme il faut d'vn bafton merueilleux
Ie fçay fort bien trouuer vn deffaut de cuiraçe.

Pour le Comte de Brion & le Sieur Brotin, re-
prefentans des Combattans de rondache.

AVX DAMES.

LE Bouclier qui couure nos corps
Peut brauer les plus grands efforts
Sa trempe eft faite auec des charmes;
Il eft impenetrable à la foudre des Cieux;
Mais pouuant refifter à toutes fortes d'armes,
Il n'a pû nous parer des doux traicts de vos yeux.

Pour le Sieur Picot, repreſentant vn Combat-
tant de lance.

BIen toſt deſſus la poudre il ſe plaindra des reins
Ce Cheualier coiffé d'vne erreur ſans ſeconde,
Qui ſur tant de Beautez qui paroiſſent au monde
Veut eſtablir ſes yeux pour Iuges ſouuerains.

    Viſte, qu'on me donne ma lance
    Pour rabatre ſon inſolance,
    Ie ne puis ſouffrir cét affront;
    Ce bois le portera par terre,
    Ou les eſclats en voleront
    Iuſqu'où ſe forme le Tonnerre.

Recit de la grãde Muſique, pour l'Amour, accõ-
pagné des Graces, d'Hymen, & des
Muſes.

AMans qui m'accuſez au plus fort de vos peines
    De rigueurs inhumaines;
Ceſſez de plaindre vos mal-heurs :
    Ma clemence eſt diuine,
Ie donne mille fleurs
    Pour vne eſpine.
Il faut benir l'Amour au fort de la torture,
    Et languir ſans murmure;
Ce Dieu conſolant vos douleurs
    Par ſes bontez diuines,
Fera naiſtre des fleurs
    Sur des eſpines.

Amour prend son plaisir à voir languir vne Ame
  Souspirant dans la flame:
Apres, finissant ses douleurs,
    Par des bontez diuines
Il fait naistre des fleurs
    Sur des espines.

Pour le Sieur de Chabot, represētāt vn Aduocat

AVX DAMES.

Lors que vous m'aurez racontê
Quel est le procés intenté;
Vos pieces me sont necessaires,
Afin qu'auecque seureté
Nous trauaillions à vos affaires.

Pour les Sieurs de Blaru & de Clinchant, re-
    presentans deux Notaires

AVX DAMES.

BElles si, dans vne occurrance
Pour emprunter quelque finance,
Vous passiez contracts & transports;
Quand vous viendrez en nostre estude,
Pour punir vostre ingratitude
Nous vous obligerons par corps.

Pour le Marquis de Molevrier, le Baron de l'An-
    gerô & Messieurs de Souuille, & Verpré, re-
    presentans quatre Courtisans.

AVX DAMES.

NOs discours & nos soins qui n'ont riē d'incōmode,
Obligent tous les iours les plus rares Beautez :

Et nostre complaisance est si fort à la mode
Que nous soines partout moins veus que souhaitez,

Pour le Sieur de Poyane, representant vn Escuier.

ENcore que ie serue vn obiect plus qu'humain,
Amour, fay que nos cœurs brûlent de mesme flame,
La fortune m'oblige à receuoir sa main,
Obige ceste Belle à receuoir mon Ame.

Pour la Belle Maguelône, dãçãt vn grãd Ballet
auec sa suitte, où se fait le Mariage d'elle
& de Pierre de Prouence.

AVX DAMES.

CHastes Beautez, dont les rigueûrs
Laissent consumer tant de Cœurs,
C'est assez par la flame esprouuer leur constance.
Aymez, à mon exemple, en cét aymable iour,
Où mon fidelle Amant par sa perseuerance
Doit en fin moissonner les fruicts de son Amour.

FIN.